Los sabores de mi tierra
Sentido homenaje a la provincia de Guadalajara

Doña Cadima

poemarios

25

José Manuel García Román

LOS SABORES DE MI TIERRA

Sentido homenaje a la provincia de Guadalajara

aache
ediciones

Guadalajara
2025

© De la obra, José Manuel García Román. 2025.
© De las fotografías, Alfonso Romo, 2025.

Producción, maquetación y edición electrónica:
AACHE Ediciones
C/ Malvarrosa, 2
Telef. 949 220 438
Internet: www.aache.com
E-mail: editorial@aache.com
19005 – GUADALAJARA (España)

Impresión:
PodiPrint
C/ Cuevas de Viera, 2
29200 – Antequera (Málaga)

Impreso en España / Printed in Spain.

ISBN: 978-84-19813-78-7
Depósito Legal: GU-86/2025

Andaré por los cerros, selvas y llanos
toda la vida animándole coplas a tu
esperanza, **tierra querida**.
Atahualpa Yupanqui.

Cuán querida es de todos los corazones buenos
su tierra natal.
Voltaire.

A mis padres, que me educaron con su ejemplo
A mi mujer, por su amor e inspiración
A mis hijas, por todo y más
A mis hermanos, que recuerdo y siento cada día

ÍNDICE

PRÓLOGO

Para una poesía sencilla y apegada a la tierra

Todos sabemos —al menos los que viajamos con frecuencia por el país de la palabra— lo que es poesía o, al menos, lo intuimos porque hay poéticas tan complejas que cuesta entenderlas de tan encriptadas como se plantean e, incluso, sentirlas, lo que ya es más grave pues si algo no debe dejar de ser nunca la poesía es sentimiento y percepción, aún a tientas. Cada poeta tiene su propia definición de poesía, pero hay algunos que acertaron más que otros cuando se decidieron a detallar sus caracteres genéricos y diferenciales. Uno de mis referentes en poesía, Angel González, dijo de ella que *"no es solo una forma de expresión artística, sino también un testimonio de la vida y un medio para cambiar nuestra percepción del mundo"*, una definición nada compleja, pero sí profunda, que comparto plenamente. Por su parte, Jeannette L. Clarion, la traductora de Elisabeth Bishop, importante poeta americana que se distinguió por ser una gran observadora de todo lo que le rodeaba, definió la poesía como *"la interiorización de lo que el ojo ve"*. Finalmente, Charles Simic, el poeta de las cosas cotidianas, decía que *"la poesía tiene que estar cerca de la gente"*, algo que no siempre ocurre y aquí cabe repartir culpas: los lectores apenas compran y leen poesía —menos de un 4 por ciento de los libros que se venden en España pertenecen a este género— y los poetas se desentienden muchas veces de los lectores y van a lo suyo, a una poética alejada del sentir, el pensar y el vivir de la calle.

José Manuel García Román —a quien prologo este su primer poemario con sumo gusto pues tengo de él una elevada consideración personal y me merecen todo mi apoyo y respeto su decidida intención de cultivar la poesía en la primavera de su vida ya de jubilado— nos propone en este poemario un honesto y sencillo índice de piezas que tienen mucho que ver con las definiciones antes recogidas de González, Clarion y Simic. Sin duda son un testimonio de vida (*"Mano que mece mi cuna desde el día que nací"*, verso de José Manuel referido a su querida y natal ciudad de Guadalajara), incorporan con frecuencia experiencias visuales interiorizadas (*"Veo el agua resbalar / sobre las piedras del río"*, cuando disfruta de la naturaleza en ese paraje ubérrimo del Alto Tajo que es el Hundido de Armallones) y está siempre cerca de la gente porque él es actor y no espectador, es persona que pasa y no solo que ve pasar (*"A tu lado se acortan los días, / presencia viva y ardiente"*).

José Manuel es un hombre que, profesionalmente, se dedicó hasta su aún reciente jubilación al ejercicio del Derecho —fundamentalmente el Administrativo—, una disciplina profesional que, por definición, trabaja con textos rígidos y codificados. Es decir, con muy poca concesión a la estética al estar atado y condicionado al lenguaje y la jerga profesionales, aunque con mucho derroche verbal, pero solo para tratar de aquilatar conceptos que, no obstante, a veces no se determinan y clarifican lo suficiente y hay que acudir a las escuelas jurídicas americana y nórdica, o sea, a aquellas en las que prima la interpretación de los jueces sobre la propia ley, para terminar de poner los puntos sobre las íes a preceptos jurídicos. Ser, por tanto, un profesional del Derecho, como lo ha sido y es José Manuel, y tener la decidida vocación poética que, aunque tardía, él sin duda tiene, no es habitual, aunque conozco casos de juristas poetas, incluso muy notables, como es el caso del gran escritor mejicano Carlos Fuentes, si bien este se alejó pronto del camino de las leyes y tomó la senda de la palabra.

Este poemario es una "ópera prima" de alguien que, ya en su madurez personal, ha decidido escribir poesía y, de forma decidida y valiente, publicarla. Son muchos los poetas a los que podríamos llamar "tímidos" que tienen piezas poéticas guardadas en sus cajones, pero no se atreven a compartirlas con nadie, si quiera conocido y en la intimidad, y, menos aún, con muchos y desconocidos, como ahora va a hacer generosamente José Manuel con esta obra. ¡Bravo por él! La poesía que no se publica, nunca se ha escrito. La comunicación, y la poesía es una forma excelsa de ella en la que deben brillar tanto ideas como palabras, solo se completa cuando conectan emisor y receptor, a través del medio que sea; en este caso, este cuidado libro, acertadamente puesto en manos de Aache, la editorial alcarreña que lleva muchos años sacando de los cajones historia y literatura de esta tierra y de las gentes que en ella vivimos. Y sentimos.

La poesía de José Manuel —sencilla y cercana, como las cosas de las que escribía Simic, narrativa de lo visto e interiorizado, como decía Clarion, y testimonial de vida, como quería Ángel González—, ni es un alarde estilístico ni conceptual porque así lo ha querido el propio autor. Se trata de una poesía fácil de leer, de comprender y de disfrutar, que encuentra el ritmo, la mayor de las veces, en el pareado al estilo de las "cuartetas" populares, con rima consonante o asonante. Y digna de agradecer porque está pegada con mucho amor a la tierra de Guadalajara desde la pasión de un buen hijo suyo que, además, quiere ser poeta y su primera inspiración la ha encontrado en ella.

Jesús Orea
Periodista, escritor y poeta

I. SENTIMIENTO

MI TIERRA NATAL

Es mi tierra mi tesoro, fuente de amor y añoranza,
aquella que me vió nacer y que guarda mis entrañas,
el arpón que conserva de mí, los malos y buenos recuerdos,
que llena de gozo mi alma y me ahuyenta el desaliento.

Origen de mis pesares, andar mis primeros pasos,
me dota de energía disfrutando buenos ratos,
más si de mi tierra alejo, siento angustias y nostalgia,
inseguro de mi suerte, desnudo de sol y esperanza,
deseando llegue el día de volver a estar en ella,
retomando la ilusión de quien logra lo que espera,
vistiendo el día de hermoso cuando tal momento acecha.

Vio mi primer despertar al surgir la luz del alba,
alegre brotar de los campos al llegar la primavera,
cortos días en invierno cual fulgor pronto se acaba,
en ciertas noches de estío prolongadas en la era,
los arbustos de amarillo en una tarde cualquiera,
pasando feliz la infancia de recreo con chiquillos,
trotando siempre en la calle alegres y divertidos.

Mano que mece mi cuna desde el día en que nací,
donde aferran mis raíces y nunca de allí salí,
guardián que custodia mis sueños, en la tierra a la que adoro,
mansa paz y frenesí, hogar que me ofrece acomodo.

Templo que cura y me alivia de ligeros desatinos
y me insufla fortaleza para andar firme el camino,
dotando de savia nueva a mi duro y cruel batallar,
cual jinete que al corcel, le asiste de brillo y forraje
y saltando en cadencia a galope, le dirige en el sillar
exhibiendo maestría, aplomo, testura y cuaje.

Es mi tierra la que forja mi carácter desde crío,
sentados en la ribera con leales junto al río,
viendo los troncos pasar al ritmo de la corriente,
charlateando divertidos canturriando bajo el puente.

Alegres entonando nuestras voces con buen arte,
aunando el zumbido del agua al golpe de los timbales,
y al caer la luz del día en frías tardes de ocaso
acopiamos los enseres poniendo fin al relato,
emprendiendo la vuelta a casa dejando aquellos lugares
tras jornada de acampada a la orilla del henares.

En las noches de verano tertuliando en el paseo
antaño en suelo de arena flanqueado por los setos,
otros jugando al pañuelo complacidos y exhortados
y los más amenizaban con fragor y alborotados.

Terminando la contienda mirando al cielo la luna,
atraidos por la fase en que aquella sorprendía,
si lo era en luna llena presagio de buena fortuna
más si nueva se ofrecía de inquietudes persuadía.

Paseando por sus calles en la ardiente primavera,
dormitando los bebés en carrito y con niñera,
los mayores forman corro, enfrascados y parlantes,
por calle mayor arriba se atisban los estudiantes.

Convertída la rúa en bullicio al paso de los gentíos
algunos a toda prisa sorteando desafios,
son los gremios ocupados que avanzan a su faena,
estresantes y agobiados se aceleran cual rauda hiena.

Y a mayor la gitanilla les retiene con las cartas
anunciando su futuro que adivina con sus sartas,
más por fin llega la calma cuando alcanzan su destino,
sosegados se alisan presto, ya libres del remolino.

Los turistas asombrados visitan el Infantado,
palacio que fue levantado a finales del medievo,
muy dañado por conflictos de infaustos tiempos pasados,
felizmente restaurado conservando su estilo longevo.

De gótico isabelino y enclaves renacentistas
proyectado por Juan Guas, liderando a geniales artistas,
testigo del desposorio del segundo Rey de los Austrias,
heredero de un imperio que integra abundantes patrias,
alhaja de monumento, de Guadalajara santo y seña,
residencia de los Mendoza, en una ciudad pequeña.

Mi tierra me vio crecer, conoce mi anhelo y fatiga,
marco que envuelve mi vida, como al trigo soporta la espiga,
de mi ensueño confidente, de mis luchas, mis intrigas,
a su amparo resalta mi ardor y recubre mis heridas.

Manantial que despliega calor en alegre compañía,
su fragancia se deja sentir y expide melancolía,
me enseña a gozar mi existir, con su claro amanecer
y me cubre y enviste mi ser cuando anuncia atardecer,
más si el sol se apaga en poniente y la noche se cubre de gala
las estrellas florencen el cielo, sin lindeza que lo iguala.

AMOR Y TIERRA

Me despierto tendido a tu vera,
hay sigilio y oscuridad,
paz y calma que nada lo altera
sin vientos ni tempestad.

La melodía de tus sueños
te cubre de brisa y arrobo,
emociones que vagan sin dueño
navegando abstraída en tu globo.

Eres frescura y pasión
cual viento de tramontana,
activas mi fuerza e ilusión
cautivando el sol por mi ventana.

En las tardes de recreo
paseamos por la Alcarria,
tierra de vida y sosiego
con sus campos de lavanda.

Más si el tiempo lo acompaña
coronamos el pico Ocejón,
progresando en la montaña
con empeño y corazón.

Cuando arrecian los estíos
al barranco de la hoz,
formaciones rocosas de estílos,
grandeza que calla la voz.

Luz del alba en la mañana
nos sorprende en la Campiña,
la campana en su espadaña
y cultivos de hortaliza.

Es grato vibrar contigo
disfrutando la capital,
mucho arte por testigo,
belleza monumental.

Tu amor es valiente y sincero,
sin orgullo ni vanidad,
talante de fuego y acero,
fontana de claridad.

A tu lado se acortan los días,
presencia viva y ardiente,
los adornas de poesía,
dulcura que alegra y se siente.

Destellos y rayos de luna,
cuando el cielo se ensombrece,
la noche se viste de tuna
y tu rostro resplandece.

CON MI AMOR EN LA ORILLA DEL RÍO

(EL HUNDIDO DE ARMALLONES)

Veo el agua resbalar
sobre las piedras del río,
oigo el pájaro cantar
en un cielo frío.

Mañana tranquila,
el viento en suspiro,
lluvia de otoño que moja
el paisaje divino.

Aire puro se respira
y embelesa mis sentidos,
presiento el relax de mi alma
y casi sueño dormido.

Veo el agua resbalar
sobre las piedras del rio,
siento un feliz despertar
al saber que estás conmigo.

II. Evasión

ARMONÍA

Eres luz de fantasía
destellos que abren el cielo,
      poesía,
anhelos de aroma y consuelo.

Atisbos que anuncian el día
puntual y cumplida emisora,
      alegría,
asoma exhultante la aurora.

Los jilgeros ondulan su vuelo
en manada se alejan de boda,
      revuelo,
y fascina el coral con su oda.

La cigüeña al compás sobrevuela
en planeo suave y circular,
      desvela,
admirando y cautivando su armonía peculiar.

En bandada las gaviotas
captan su presa en el mar,
      flotas,
rebuscando de tal suerte, su alimento con afán.

Armonizan los delfines, con silbidos y chasquidos,
en salto y danza jocosa, por todos celebrada,
    ruidos,
emitiendo sus sonidos en frecuencia modulada.

El flujir de las mareas, a ritmo sincronizado
bajadas y subidas que van dejando sus rastros,
    organizado,
incitando su vaivén por la fuerza de los astros.

Acuden silentes los ciervos, a las fuentes de agua fresca
calmando al beber su agonía,
    dantesca,
en paz y sana armonía.

Son tus ojos de mirada,clara, dulce y abatida,
como pez en agua turbia,
    herida,
que su empuje se bate con furia.

Más huyendo airosa con fuerza
en mejor caladero arriba,
    refuerza,
y su tez complace y aviva.

Noche en calma cerrada y oscura,
el sol a la espalda se oculta,
    clausura,
y el orbe en su orden resulta.

La vida es fulgor y avenencia,
tolerancia y cordialidad,
    confluencia,
respeto, verdad y unidad.

III. Lugares con Historia

PROVINCIA DE GUADALAJARA

Guadalajara, provincia Castellana
de llanuras y montañas
postrada y pertrechada
en el centro de nuestra España.

Provincia con solera y variada,
a su espalda muchos lustros,
como tal delimitada
por obra de Javier de Burgos.

De sierras y castillos,
fuentes, ríos y barrancos,
palacios y señoríos,
cuevas, canteras y cantos.

Tierra de pantanos,
lagunas y manantiales,
cálidos veranos
y campos celestiales.

Cuatro comarcas la integran,
castizas y variopintas,
ecos de luz que despiertan
sentires y melodías.

Cultivos y pastizales,
aromas de espliego y lavandas,
romeros y tomillares,
surtido de buenas viandas.

Comarca de la Campiña,
de gentes la más nutrida,
siembras de cereales,
hortalizas y frutales,
con amplias terrazas fluviales.

La Campiña de Guadalajara
se encuentra delimitada,
por el curso de los ríos
Henares y Jarama.

Comarca de la Alcarria,
perfume de hierbas aromáticas,
suelo agrícola y encinares
pequeños huertos y olivares.

Paraíso de la miel
resultado de sus plantas,
fuentes de rico panel,
¡por tus sabores nos encantas!

Abundancia, asimismo, en aceite,
que los buenos sabores eligen,
los vinos, un deleite,
con denominaciones de origen.

La Comarca de la Sierra,
edén de espacios naturales,
quietud que el paraje encierra
en jornadas invernales.

Peculiar geología presenta,
de pizarras, sabinas y robles,
con grandes castillos cuenta,
residencias pasadas de nobles.

Señorío de Molina,
de origen medieval,
en cuatro sexmas partida,
su tronío sin rival.

Es Molina de Aragón
capital del señorío,
escasa su población
en el resto del dominio.

Cuna del alto tajo,
Paraje natural,
lindeza y con desparpajo,
inmenso y original.

Es común a la provincia,
ser patrimonio monumental,
resaltando por justicia
su valor transcendental.

Muchos sus siglos de historia,
riqueza sentimental,
pasado cubierto de gloria
y belleza sin igual.

La provincia de Guadalajara
es digna de visitar,
sorprendente y encantada,
rincones de ver y soñar.

CANTO A LA ALCARRIA

Comarca de Castilla
solado elevado y raso,
brebaje verde limón
intenso, mas escaso.

Paisaje de tonos surtidos
inmensa natural riqueza
inspira a los visitantes
y sorprende su belleza.

Geografía caprichosa
emblema de recio carácter
rocosa orografía
y paz al caer la tarde.

Ríos y arroyos lo cruzan
formando pendientes angostas
que al unir sus afluentes
su lento caudal repostan.

Rica en vegetación
olivos, huertas y encinares
de jara, espliego y romero
aroman sus tierras y hogares.

Y de semejante floración
abundan las colmenas,
guardando la buena miel
el panal de las abejas.

Suelo de fortalezas
destacando el gran castillo,
de Torija medieval,
piedra sillada de brillo.

El de Pioz en estado,
de abandono sin cuartel
restaurando el de Cifuentes
del Infante Juan Manuel.

De Brihuega dícese
el jardín de las Alcarrias,
su castillo piedra bermeja
y los campos de lavandas.

Cerros majestuosos
páramos y valles se afanan
vistas de encanto sin par,
en las tetas de viana.

Singular resalta su fauna,
de perdiz y aves acuáticas,
complementan el entorno
de la ya alcarria fantástica.

Le visita el río Tajo,
procedente de Aragón,
por Trillo corre el cifuentes
y huyen al alimón.

Transcurre por esta tierra
la ruta de la lana,
por Gárgoles de Abajo,
disfrutando la mañana.

Arquitectura medieval,
con Pastrana a la cabeza,
en memoria la Princesa de Eboli
y el convento de Santa Teresa.

Visitó cierto escritor,
departe, observa y pincela,
su libro inmortalizó
el insigne y nobel Cela.

BRIHUEGA, JARDÍN DE LA ALCARRIA

Antigua villa se asienta
sobre la vega del tajuña
poblado de origen celta
brioca, su nombre de cuna.

Bosques de encinas y roble
desde la atalaya la vista abarca
valle robusto y noble
en el corazón de la alcarria alta.

Parajes por conocer,
flor de luz y morada,
una maravilla ver
los campos de lavanda.

Conjunto monumental,
en el setenta y tres así declarada,
riqueza patrimonial
visitada y adorada.

Plaza del coso,
amplia y luminosa,
destaca su estilo barroco,
astados, mercados y animosa.

El Ayuntamiento preside la plaza,
su origen del dieciocho,
hoy renovado se emplaza
hermoso, coqueto y vistoso,
resaltando con valor
la torre del reloj.

Real cárcel de Carlos tercero,
neoclásico edificio,
oficina de información al viajero
y archivo histórico a su servicio.

Fábrica de paños, arquitectura industrial
de planta circular,
puerta principal barroca,
conjunto de edificios, destacando la rotonda,
jardín ornamentado y legendario,
hoy conservado como hotel balneario.

Recinto amurallado en buen estado,
solemne huella del pasado,
arcos y puertas su mascota:
Cozagón, Guía, Cadena y Juego de pelota,
todas del medievo vienen, salvo Arco de Guía, del diecinueve.

Sobre eminente roca se fija,
árabe, románico y gótico de transición,
la capilla de vera cruz cobija,
gótico mudéjar de admiración.

En el patio de armas se alberga
la Iglesia de Santa María de la Peña,
soberbio gótico en bandeja
que conforman en acervo
el Castillo de la Piedra Bermeja.

En el interior del templo se enseña
la gruta de la Virgen de la Peña,
que según la leyenda anunció
a la princesa Elima apareció.

Iglesia de San Miguel, no destinada al culto,
ábside sobrio y con lustro,
románica su portada
a eventos sociales ligada.

Románica de gran belleza,
rosetón, puertas y canecillos,
la Iglesia de San Felipe embelesa,
versos de paz y estribillos.

Iglesia de San Simón,
templo de estilo mudéjar,
en interior bóveda de cascarón,
ave que trina y se aleja.

Convento de San José, de padres franciscanos,
comunidad de hermanos cristianos,
antiguo hospital, escuela y cárcel,
hoy museo de miniaturas de arte.

Convento de los Jerónimos,
daños de muchas refriegas,
rehabilitado arquitectónico,
la "Capilla de Brihuega".

Fuente de los doce caños, de sillares y
altanero,
doce de frontal y a la zaga
otros tantos que manan,
y sirven al lavadero.

Amplia, bonita y ambiente,
abierto, arbolado y reluciente,
rayos de luz que ilumina
el Parque de María Cristina.

Villa monumental,
fragor a lavanda que embruja,
manantiales y fuentes que amansan
Brihuega, jardín de la Alcarria.

CIFUENTES, CAPITAL DE LA ALCARRIA

Se disfruta por sus calles,
prenda de genio atesora,
cautivan sus detalles,
otra época se añora.

Impresiona en sus umbrales
el Rollo de Tobares,
estilo renancentista,
diseño de amable artista.

La Ermita de la Soledad sorprende
por fachada de buen gusto,
doble puerta de acceso con duende
y dos arcos de medio punto.

Encanto de balsa y molino,
añejo lavadero de ropa,
entorno de ambiente idílico,
paraje que en sueños evoca.

Decorosa y esbelta fascina la Plaza Mayor,
portada castellana nos recibe con clamor,
pilares de piedra clasicista,
singular conjunto de revista.

La Plaza de Cifuentes
es una preciosidad,
espacio diferente
y recinto triangular.

Si algún monumento deslumbra
exhibiendo belleza y finura
es la Iglesia de El Salvador,
con su portada lateral y rosetón,
capiteles de adornos en flor
y portada románica de esplendor.

La Iglesia de Santo Domingo
trazó variopinto destino,
monjas y frailes dominicos,
uso carcelero y judicial,
hoy biblioteca municipal.

El Ayuntamiento actual ubicado
en convento de San Francisco,
por Juan de Silva fundado,
tras librar del musulman granadino.

Fueron duro batallar
los siglos de reconquista,
a fin de consolidar
la España cristina unida.

Ciudad que fue amurallada
con cinco puertas de entrada
destacando la Salinera,
puerta de la Fuente y puerta de Brihuega.

Villa y después señora,
en lo alto su castillo,
del Infante Juan Manuel,
con escudo, dos leones, y espadas de cincel.

El Infante D. Juan Manuel
señor de Cifuentes fué,
y en su castillo alumbró con primor
su obra narrativa " El Conde Lucanor".

Destacan por sus rondas sus casas señoriales,
estilo y fachadas de postales,
jovellanos, solariega
y popular alcarreña.

Casonas señoriales,
moradas de señores feudales
de la edad media tardía
suspiros de melancolía.

Cifuentes, madre de fuentes,
curso de almas pacientes,
por Cela rebautizada
capital de las alcarrias.

PASTRANA, VILLA DUCAL

Villa de origen romano
Paternina se llamaba
joya de ciclo lejano
huella que el paso dejaba.

Medieval renacentista
instante del tiempo pasado
miradas que alegran la vista
sana de amor olvidado.

Palacio ducal que sorprende
en la plaza de la hora,
cuadrada y abierta transciende
balcón a la huerta que añora.

La princesa de éboli tuvo, su hogar
y prisión combinada,
tras la verja asomaba al lugar
en la hora estipulada.

En la Iglesia Colegiata
tapices flamencos cautivan,
más en otros artes se jacta,
orfebrería y cuadros motivan.

Allí entregó su vida
el ilustre poeta Ochaíta,
declamando la alcarria en sus manos
cierta noche de verano.

Fuente de los cuatro caños,
ruralismo culto de antaños,
pilón octogonal con pilar y capitel
rematado, según Cela, por peón de ajedrez.

Brisas de soplo ligero
por las rúas de Pastrana,
rayos de luz pasajero
que florece con desgana.

Santa Teresa, guiada por buena estrella,
dejó singular huella
alumbrando la fundación
de conventos de San Pedro y Concepción.

Mujer que amansa los vientos,
Teresa cepeda y ahumada,
fundó diecisiete conventos,
dos de ellos en Pastrana.

Plaza del Deán, edificios históricos
grandiosos y alegóricos,
con el convento de San Francisco,
fachada y claustro de ladrillo.

Y casa del deán
antigua morada episcopal
del deán de la colegiata,
de sencilla fachada.

Pastrana, fuente de los Cuatro Caños

Calle de la Palma,
silueta que cubre el alma,
peculiar senda castiza,
casas de la inquisición,
caballero calatravo y sinagoga judía.

Casa de Moratín
en el barrio de albaicín,
cuna de tratos y riñas
donde supuestamente escribió " el sí de las niñas".

Paseo por sendas tranquilas
angostas y empedradas,
ligero equipar sin mochilas
sueños de luz y de hada.

Conjunto histórico- artístico
maravilla cotidiana
es perderse con ahínco
por las calles de Pastrana.

ATIENZA

Atienza, tierra serrana,
castiza, noble y señera
luchadora brava y fiera,
morisca y pronto cristiana.

Villa de origen remoto
ubicada en ladera de un cerro,
ruta del Cid al destierro
cerco de lid y alboroto.

El heróico adalid
a Atienza elevó su estrella
pues dejó la villa su huella
en el Cantar del Mio Cid.

En lo alto su Castillo
de origen musulmán
gobernada por sultán
defendido a espada y cuchillo.

Finalmente conquistada
por el rey Alfonso sexto
batiéndose en tal contexto
y ganando la jugada.

Fue lugar de esplendor
en la baja edad media
por más que enemigo asedia
al oirlo alrededor

En el medievo amurallada
con arcos y torreones,
objeto de exposiciones
que embelesan la mirada.

Un deleite el meditar
por sus calles empedradas
y las cuestas empinadas
que propalan bienestar.

Tambien destacan por guapas
sus dos primordiales plazas
sirviendo de entrelazas
el arco de Arrebatacapas.

Piedras hermosas y armeras
luciendo así las fachadas
con flores ornamentadas
cultivadas en praderas.

Protectora del rey infante,
de sus arrieros
guiado por los senderos
huyendo hacia adelante.

Evitando hacer exclavo
de su tío Fernando segundo
quien monstrábase iracundo
con el niño Alfonso octavo.

Y acción tan adecuada
de suceso más que extraño
se celebra cada año
y es llamado caballada.

Obligado es mencionar
su arquitectura religiosa
valiosa y muy numerosa
digna de impresionar.

Y en el arte de lo civil
la casa del cordón,
un tal rodea el portón,
palacio de ilustre perfil.

En su interior acoge el museo
etnológico provincial,
de folclore y vida tradicional
centro de interpretación, cuán liceo.

Museos de arte religioso,
colecciones y diplomas medievales
meritorios de interés sin rivales,
repertorio vistoso y curioso.

Grandeza de tiempos pasados,
días que no volverán,
más por siempre deberán
conservar los tesoros legados.

ARQUITECTURA NEGRA DE GUADALAJARA

Enclave de singular encanto,
parque natural, de pizarra engalanado,
Guadalajara noroeste,
sierra norte, ala oeste.

Aldeas que ensalzan su historia,
a la falda del pico ocejón,
divisando en lontananza
la mágica sierra de Ayllón.

Parajes por visitar,
en auto o senderismo,
viandas a degustar
de que goza el localismo.

Materiales peculiares
de la zona que la integra,
construcciones pintorescas
dan luz a la arquitectura negra.

Pizarra negra por fuera,
de poesía sus fachadas,
serranas y pastoriles
y por dentro bien aisladas.

Edificios con ingenio armados,
honra de tiempos pasados,
dando espalda al modernismo,
su semblante, siempre el mismo.

Son laboriosas sus gentes,
al cuidado del ganado,
otros tales al turismo,
algunos al campo y arado.

Deleite en el transitar
por estas calles de aldeas,
puro aire al respirar
y el olor de chimeneas.

Diez son los municipios
que la ruta lo conforman,
todos de bella factura
y solera que desbordan.

Retiendas, El Espinar, Roblelacasa,
Majaelrayo, Almiruete, Campillo de Ranas,
Palancares, Robleluego,
Valverde y Campillejo.

Pueblos de escasos vecinos,
por muchos visitados,
esencia de calma y sosiego,
por letrados estudiados.

También es recomendada
su buena gastronomía,
asados y calderetas
que a cualquiera antojaría.

La Vereda, arquitectura negra

Vergel para vida salvaje,
de corzos, zorros y jabalíes,
más otras copiosas especies,
y de ninguna te fíes.

Paraje de rica flora,
destacando hayas y robles,
fresnos, chopos y sabinas,
entre otras plantas nobles.

Es la arquitectura negra
harto grata y saludable,
fauna, flora y caseríos,
es un viaje indispensable.

VALVERDE DE LOS ARROYOS

Buenos días visitantes, tengo a bien mi presentar,
no se cómo me saldrá, pero es cuestión de intentar,
soy la aldea más bonita de todo el arco provincial
no exagerando ni tanto, si dijera del orbe mundial.

Estoy en la serranía, Guadalajara es mi provincia,
debo así comunicarlo por ser de honra y justicia,
me hallo situado entre cerros pedregosos,
enclave airoso y galán, mis paisajes muy preciosos.

Pueblo de piedra y pizarra, Rey de la arquitectura negra,
los turistas encantados, mis lugares la vista alegra,
por mis suelos corre el agua, bañado por dos arroyos,
mi nombre de facil saber, es Valverde de los Arroyos.

El monte poblado de robles, en campo avena y centeno,
ganado vacuno y lanar, los frutales abundan de lleno,
más antaño tres batanes y molinos harineros
sin faltar bestias de carga, que trajinan los arrieros.

Municipio situado a la falda del Pico Ocejón
cuyo ascenso se frecuenta con buen calzado y bastón,
del sistema central es montaña en plena sierra de Ayllón,
subida recomendada con sustento y guarnición.

Es gozoso y confortable el trasiego por mis calles,
con siempre atenta mirada, sin perderse los detalles,
pisando sobre la piedra deleitando mi limpieza
y engaladas mis casas con flores, extasiando mi belleza.

En mi entorno es visita obligada, asombrando la llegada
cual sin par salto de agua, las chorreras de Despeñalagua,
enorme cascada en caida que alcanza cien metros de altura,
más se llega tras pendiente de dureza y espesura,
que conduce a un escenario encantado y de aventura.

Célebre y tradicional, son mis fiestas de danzantes,
diez días despues del Corpus, actuaciones relevantes,
vestimenta pintoresca, pantalón y sayolín,
colorido de bailes y palos que engrandecen el festín.

Destaca en mi patrimonio la ermita Virgen de Gracia,
construida de pizarra acorde a la idiosincrasia,
edificio de bella factura del siglo diecinueve
reformada en fechas recientes, con portada e interior que conmueve.

No menos sobresale mi Iglesia Parroquial,
gótico plateresco, del diecinueve inicial,
actualmente se haya, muy bien conservada
por cambios posteriores y a resultas bien armada.

En varias fases montado está mi museo etnográfico
que para conocer nuestras costumbres deviene crucial y básico,
artes, danzas y herramientas, todo propio del lugar
oficios, matanza y arquitectura, galería espectacular.

Valverde de los Arroyos, soy villa de canto rodado, pieza caliza y
pizarra
digno de caminar con violín y una guitarra,
con tales componentes, florecen mi portada,
tersura calificada de arquitectura dorada.

JADRAQUE

Jadraque, villa alcarreña, a los pies del Castillo del Cid
cuyo cerro vigila en altares la rica vega del henares,
a su nombre refirió el Cantar del Mio Cid
cual hidalgo y leal caballero galopó en aquellos lares.

Atalaya de origen islámico, que data del siglo octavo
conquistado por el Cid en el once con honor,
por el Cardenal Mendoza, en el quince reformado
en palacio fortaleza, monumento de explendor.

A la postre restaurado en diversas ocasiones
por los daños provocados en conflictos ulteriores
causando el resurgir de nuevas ilusiones
fulgurando su grandeza despertando los clamores.

Fue el Castillo de Jadraque morada de reyes y nobles
encumbrando su excelencia por ilustres ocupantes
música al compás del tambor con sus redobles
deleitando a jadraqueños y al fluir de visitantes.

Alfoz de río y manantiales, que en su término brotan,
con chaparros, encinas y robles que revisten el monte,
caminos por transitar, paisajes y campos que afloran
y fascina disfrutar los encantos que lucen el bosque.

Municipio con historia, tradiciones y poesias,
tierra de buen cereal, trigo, cebada y centeno
sin faltarles sus legumbres, garbanzos y judías,
los frutales son manjares que abundan el agro en su seno.

Pasto de tiernas hierbas que mantienen nutrido el ganado,
piezas de caza menor y pesca de truchas y barbos,
aguilas y otras especies se perciben con agrado
distrayéndose el gentío en tal menester sin desgarbos.

Refugio de Jovellanos tras su destierro en Mallorca
honorable e ilustrado, distinguido y gran patriota
por los galos acosado y negar con mucha honra
su apoyo al pais invasor que saldó su descaro en derrota.

Es orgullo de Jadraque su genial arquitectura,
iglesias, casonas y ermitas destacan por su belleza
que brillan por sus calles, exhibiendo su basta cultura
mereciendo examinar con fina delicadeza.

La Iglesia San Juan Bautista, barroca y de gran dimensión,
resaltando la portada y torre del campanario,
distintas piezas de arte que demandan su atención
con tallas y cuadros varios que relumbran a diario.

En la casa de las monjas, la Saleta de jovellanos
con frescos del propio Melchor y de Francisco de Goya,
ambos señores con fuste, se llevaban como hermanos,
sus legados en Jadraque se atesoran como joya.

El Cristo de la Cruz acuestas, es el patrón de la villa,
talla de estilo barroco, en la Ermita del Cristo guardado,
lienzo policromado compuesto de maravilla
obligado su admirar en viaje siempre anhelado.

Jadraque, Castillo de El Cid

Es un encanto perderse por el pueblo de Jadraque
contemplando su arte y sus gentes por cualquiera de sus partes,
ciudad que el tiempo conserva cual portada de almanaque
presumiendo de riquezas que refuerzan sus baluartes.

SIGÜENZA, CIUDAD MEDIEVAL

En angosto valle se asienta,
cuna del alto henares,
largo invernal lo adormenta
estíos cortos y agradables.

Es del parque natural
del río dulce su tesoro,
título de ciudad
que lo ostenta con decoro.

Alcazaba de origen morisco,
Castillo que observa el abismo,
sede de reyes y obispos
parador nacional de turismo.

Arte de fina armadura,
Catedral, museos y parroquias,
plazas que manan cultura,
poesía por calles de gloria.

Catedral de Santa María,
confluencia de estilos, tres naves,
románico y gótico predomina,
los tejados cubiertos de aves.

Guarda su interior por ventura
el sepulcro de El Doncel,
lustrosa y notable escultura
cual racimo de laurel.

Plaza Mayor porticada,
en forma rectangular,
renacentista de nobles fachadas,
conjunto espectacular.

Archivo histórico, del gótico civil,
desde tiempo atrás ubicado en la casa del doncel,
de investigación y estudiantil,
cuna de saberes protegido por dosel.

Barrio de San Roque, lisonja de villa ilustrada,
pura esencia del barroco,
versos sueltos con alma,
sueños bucólicos, paseo melancólico.

Museo diocesano, de arte religioso
escultura y cuadros valiosos,
orfebrería, filatelia y arqueología,
manuscritos y códices de histología.

Iglesia de Santiago, al románico ligada,
templo muy frecuentado para visitas y culto,
siendo de resaltar su portada abocinada
con lustrosos arcos de medio punto.

Palacio episcopal, antigua universidad,
junto a monasterio e Iglesia de los Jerónimos
son joya de la ciudad y conjunto monumental,
belleza más a integrar su abundante patrimonio.

Plazuela de la cárcel, plaza mayor medieval,
antiguo Ayuntamiento, cárcel y posada del sol,
vistoso y tradicional mercado semanal,
con bosques alrededor, poniendo luz y color.

Ermita del humilladero, renacentista su fachada,
lucida con encanto que al turista atrae su mirada,
y reviste en su interior, elegante y anecdótico
su robusto y bien custodiado artesonado gótico.

Colegio Sagrada Familia, antigua casa de misericordia,
barroco neoclásico, centro de estudio y concordia,
con puertas, ventanas y balcones enmarcados
por sillares ostentosos y bien tallados.

Murallas medievales, patrimonio defensivo,
acervo que salta a la vista por lujoso y atractivo,
precisa reparación más en parte bien conservada,
y mantiene sus accesos con cinco puertas de entrada.

Iglesia de San Vicente, bella y sencilla portada,
joya que el tiempo no daña,
con Santiago y la Catedral
triangulo románico integral.

Iglesia y Convento de monjas ursulinas,
barroco silueta divina,
en el cancel de entrada se adosan
robustas cerrajas barrocas.

Ermita de San Roque,
estilo barroco y renombre
destinado entre más haceros
a exhibiciones y conciertos.

Parque de la alameda
aromas de luna serena,
jardines de ocio y recreo,
relax, amistad y sosiego.

Sigüenza, ciudad mitrada,
celta, románica y medieval
se divisa en lontananza
patrimonio de la humanidad.

SEÑORÍO DE MOLINA

Señorío medieval,
profusa historia gloriosa
Molina su capital,
tierra fuerte y poderosa.

Castillo sobre atalaya,
divisando al alimón
fortaleza amurallada
y la torre de Aragón.

Fuero independiente obtuvo (1/7/1321)
de Castilla y Aragón,
cinco siglos se mantuvo
antes de su abolición (1813).

Cuatro sexmas le divide,
campo, pedregal, sabina y sierra,
en todas ellas coincide
la gran belleza que encierra.

Cauces como cañones, hoces y terrazas,
maderas de cuchillos, agujas y monolitos,
cuenca envuelta en sus corazas
se oyen del agua los gritos.

Vasto espacio natural
que vertebra el río abajo
pura vida al respirar
el paraje de Alto Tajo.

Entre tanto edén resalta
el barranco de la hoz,
que el río gallo lo exalta
y ennoblece con su voz.

Por Peralejos cruzan y van,
dos ríos que se abrazan,
el hoz seca lleva el caudal
y el tajo las alabanzas.

Desprendimiento de la roca,
escorrentía en aluviones,
confluyen encanto y flora
en el Hundido de Armallones.

Proyecto de azud no acabado,
antiguo embalse la chorrera
alumbran por resultado
el bello Salto de Poveda.

En el puente de San Pedro
el gallo vierte en el tajo,
lucen ambos con denuedo
en un entorno embrujado.

Fluido en banda montañosa,
da nombre su propia villa,
manantiales nutren lustrosa
la Laguna de Taravilla.

Todo es Paz en armonía,
abundan agua, fauna y flora,
añorando conocer un día,
tal comarca que enamora.

EL MAMBRÚ DE ARBETETA
Y LA GIRALDA DE ESCAMILLA

Hacen grande a las aldeas
los sucesos que atesoran,
obras, cuentos y tareas
que sus gentes recuerdan y añoran.

Dos poblados no lejanos
comparten evento notable,
viniendo de atrás muchos años
por ventura de ser entrañable.

El uno se encuentra ubicado
en la comarca del alto tajo,
el otro cercano se halla
en los confines de la Alcarria.

Sus iglesias parroquiales,
coronadas por torres barrocas,
ambos templos señoriales
que siglos pasados evocan.

Y encumbrado en el baluarte
en forma de saetas
los santuarios comparten
dos singulares veletas.

Leyenda de cuna y romance
recreando a Romeo y Julieta,
la Giralda de Escamilla
y el bravo Mambrú de Arbeteta.

Historia de sentimiento,
de amor, pasión y tragedia,
ilusiones frustradas al viento
por recelo que le asedia.

Hablillas de valles y alcores
por riberas del Tajo y Guadiela,
enmascaran sus amores
dos zagales de la tierra.

Ella hija de feudal,
riguroso y hacendado,
él vástago de un sacristán
modesto y por más honrado.

Los vecinos del lugar
recordando la aventura
a bien tienen desplegar
en las veletas sus figuras.

Trae al caso la coplilla
que se escucha en lejanía,
por todos conocida
su dulce melodía.

Se musita con tristeza
y así su letra comienza:
Mambrú se fue a la guerra
mire usted, mire usted qué pena...

BUENAFUENTE DEL SISTAL

Perdido y poco accesible en alturas boscosas del Tajo, tras oscuro paisaje de bosques, sin otros caminos ni atajos, sabinas y otras especies que van adornando el relieve, atmósfera limpia y brillante, clara luz desafiante, hasta ver en lontananza el Monanterio de Buenafuente, que saluda al viajero y promete sosiego interior sorprendente.

Bordeado de verdes praderas, cubiertas con un amplio manto, se halla un ilustre poblado, reformado, venerado y por todos admirado.

Enclaves floridos y hermosos, cual eterno mes de mayo, curtidos de fuentes y aguas que sanan dolores y llagas por sus dotes milagrosos.

Monasterio cisterciense, recogido y de oración, en calma y remanso de paz, con venturas que en ese lugar encuentran descanso y relax.

Amigo de los músicos, espíritus libres y fieles, deleitó con su guitarra al concertista Narciso Yepes, cuyas cenizas allí se esparcieron y sus vidas por siempre se unieron.

Musas de buenas artes, ensalce de sentimientos, que elevan nuestros cantares al sol sin resentimiento y conducen nuestras plegarias al más alto firmamento.

Buenafuente del Sistal, aldea que encierra misterio, aire puro que te envuelve de encanto y de cautiverio y te abstrae de padecer fatiga ni vituperio.

A la entrada se encuentra alojada la oficina de información, dando cuenta primordial de lo poderse visitar, teniendo actualizadas las actividades programadas y dando puntuales nociones de las distintas publicaciones, sobre la historia del lugar y rincones a examinar, sin faltar ni estar por demás, el acompañamiento espiritual.

Antesala singular de lo bueno que se espera,
rincones por descubrir que alegran la vida entera,
revelando los senderos que guían a nuevos mundos
con ojos que alcanzan a ver horizontes más profundos.

Abierto y hospitalario, con su Casa de Acogida, seña
de identidad de la orden benedictina y que da recibimiento
a huesped y visitantes, destilando sencillez y amor a sus se-
majantes, entregados a su vez en tareas de limpieza aviando
mesa y vajilla con empeño y con destreza.

Todos tienen su lugar en un cielo sin fronteras
entendiendo que esta vida nos hace seres iguales
disfrutando cada día humildes y sin barreras
respetando a los demás desenvueltos y naturales.

Inclúyese en su poblado estancia de Convivencia, que
la sana amistad acrecienta a quienes acuden a ella, en torno
a la oración y al encuentro de la palabra, escuchada con
devoción, respetada y valorada.

El trato con el prójimo nos hace ser más sociables,
compartir nuestra aflicción, pesares y esparcimientos,
los males en compañía se arrastran más agradables
alejan nuestras tristezas y los vagos pensamientos.

Cuenta por más con Capilla para rezos y eucaristía,
actos que lucen el alma en torno a la sacristía y centro de
adoración al Santísimo Sacramento, en celebración comu-
nitaria que invita al recogimiento.

Buenafuente del Sistal, un rincón

La capilla es lugar sagrado
destinado a la oración
que sana nuestro pecado
declarado en confesión.

Residencia de mayores, antaño destinada a los ancianos de la comarca, al servicio hoy cotidiano de huespedes en verano.

Son nuestros mayores manantial de sabiduría
fruto de la experiencia en los años adquirida
aprendices de la vida que llevaron con maestría
sopesando los vaivenes según su justa medida.

Templo románico con bóveda ojival, construido sobre el manantial que da nombre al lugar, a los cultos de Semana Santa dedica su actividad, como tambien a la Santa Misa en temporada estival.

Es tradición de la Iglesia cuidar su gran patrimonio,
monumentos sobrados de arte a lo largo de los siglos
columnas, vidrieras y arcos, que al buen gusto dan testimonio,
construcciones admirables, un orgullo el exhibirlos.

En lo más alto del pueblo se hallaban, las antiguas eras de trillar, de cuyo nombre recibe, Las Eras como actual, donde habitan laicos y frailes que atienden los menesteres palpables y terrenales, lo que viene a ser llamado los asuntos materiales, para el sustento vital en el complejo del Sistal.

Nos dejó dicho Jesús,
no solo de pan vive el hombre,
más requiere sus menús
tanto el rico como el pobre,
lo que no excluye de nada

saciar de Dios nuestra alma.

En los soportales de la plaza de Santa María, dando frente a la Iglesia románica se ubica, el edificio de Mambré, espacio donde a Abraham El Señor se apareció, y tal nombre se eligió, con buen criterio en recuerdo de la donante del solar al monasterio, en señal de a las monjas agradecer su valioso proceder, al obsequiarla con pan en tiempos de necesidad.

Mis buenas acciones sembré
en favor de quien tuvo carencias
y gentil recompensa encontré
de quien salvé de sus miserias.

Acoge el Mambré en planta baja, un salón de conferencias, capilla, sala de estudio y pequeña biblioteca, completando en sus dos plantas, habitaciones con lechos y mantas.

Retirado del complejo, a treinta minutos andando, se halla nutrida de encantos, la Ermita Nuestra Señora de la Virgen de los Santos, construida donde la imagen descubrió un pastor de Huertahernando, orgulloso al contemplar semejante hallazgo sagrado, y por su buena labor se instaló, el bello oratorio en su honor, centro de peregrinación y alabanza, por las gentes de la comarca.

Llamada "escuela de amor", por los primeros cistercienses, siendo fieles a su lema de alabar a Dios y proclamar su gloria eterna, desde la austeridad, el silencio y la vida fraterna, el ser frente al tener, despecho frente al poder y humildad frente al egoismo, cumpliendo tal de buen grado y con firme compromiso.

Se puede vivir con poco,
incluso no tener nada,
y a Santa Teresa invoco
al decir, que solo con Dios nos basta.

IV. PARAJES CON ENCANTO

EMBALSE DE BELEÑA

Embalse de Beleña, fuente de vida y riqueza,
lago que agua atesora, ostentando su grandeza,
sus recursos los custodia sobre un estanque dorado,
colmando la sed de las gentes, que para ello está llamado,
más si el tiempo no acompaña y decrecen sus reservas
es alcorlo quien lo suple, activando sus inervas.

¡Ay alberca de agua dulce, que alivia mis tiernas fatigas,
sorteando los anhelos y alejando mis intrigas!,
levitando mis ensueños en oscura tarde de otoño,
ocultando las penurias de mi ser harto bisoño;
¡déjame inhalar el aire, que aflora de tus entrañas,
cubriendo mi triste agonía venerando tus hazañas!,
más si arrecia el vendabal y mis fuerzas ya se agostan
me salvan tus energías, que me impulsan y me flotan.

Tanque de suelo anegado, acopio de luz y esperanza,
refugio de melancolía, vivero de maestranza,
querencia de masas sencillas y otras acomodadas,
todos suspiran su antojo y le elevan sus miradas;
pantano que emerge del sorbe, procedente de la sierra,
de brillo y de transparencia que deja al desnudo la tierra,
flanqueado por praderas y campos pintados de arcilla,
el paisaje es un primor y su estampa maravilla.

El pantano de Beleña, con el Ocejón al fondo

Presa que luce su encanto, aguardando la salida,
los fluidos en letargo, cual gaviota en la playa perdida;
espoleo de delirios, que ansían con rabia y ardor
recibir tal alhaja preciada, codiciando su valor.

– José Manuel García Román –

HAYEDO DE TEJERA NEGRA

Crece en ladera de umbría
de espaldas al sol naciente
pesares que el mal ansía
sentir soledad paciente.

Clima de montaña,
lluvias abundantes,
parajes que en tal entrañan
selvas exuberantes.

Verso lento y sosegado
rima de libre albedrío
paso breve y relajado
sueño dorado de brío.

En la sierra de Ayllón enclavado,
escorado en sistema central,
rincón a su suerte olvidado
cual coral en el fondo del mar.

Vergel húmedo y boscoso
las aves se prodigan,
suelo en aguas copioso,
se deambula sin fatiga.

Arboleda de hayas lustroso
pino silvestre y melojos
acebo, abedules y tejos,
gayuba y enebros rastreros.

Sierra Norte, el Hayedo de Tejera Negra

Juicio de alma serena
que ennoblece mis pasiones,
vestigios de luna llena
que acompasan mis canciones.

Suaves y frescos estíos,
fríos los invernales,
disfrutan y gozan los críos
las estepas naturales.

Aguila real y milano al vuelo,
corzos y zorras traviesas,
raudos marchan con anhelo
en captura de sus presas.

Afluyen también lobo ibérico,
abalíes, garduñas, tejones,
susurro con garbo poético
en todas las estaciones.

Ruido ajeno al transitar
cuando se enciende la noche
siento un leve palpitar
con los hechizos del bosque.

Hayedo tejera negra
parque natural sierra norte
en dicho jardín se integra
y es principal soporte.

PUESTA DE SOL EN EL MAR DE CASTILLA

Llegando la tarde a su fin,
la luz del día ensombrece,
el sol apaga y oculta
y la mar se resplandece.

La tierra en su rotación,
con desdén le muestra su espalda
y las nubes se visten rojizo
por los rayos del astro escondido,
y cumplido el fornido arrebol
el crepúsculo exhibe su broche,
guiando su resplandor
hasta apagarse la noche.

Se muta el color del cielo,
de naranja y amarillo
al rosa intenso y altivo,
y al tocar el disco dorado
el plano del mar inmenso,
esparce sus últimos rayos
cual derramas de limpio incienso.

Devenir natural que conmueve,
a primera vista cautiva
y seduce a descubrir
los misterios de la vida,
corolarios engendrados
siempre por causa certera,
muchos no reconocidos
ni el efecto que se espera.

Horizonte a sangre y fuego,
antesala de juicio final,
nubes de antorcha encendida
depurando las almas perdidas
en acorde y recio festival.

Y avivando sus colores
al impulso de suave relente,
atrayendo la mirada
bajo el cielo en flama ardiente.

Realidad y fantasía
se confunden en paz y armonía,
revertiendo la rutina
en magia y calma divina,
pues el gozo del momento
purifica las entrañas,
elevando nuestro ser
por senderos y montañas.

Más postrados en su cresta
se divisa la grandeza
de cuánto don nos ofrece
la sabia naturaleza,
transformando nuestro yo
en ensueños de nirvana,
percibiendo la raíz
de la esencia más humana.

V. LOS RÍOS, FUENTE DE VIDA

RIO SORBE

Río Sorbe, torrente de espejo claro,
que desliza por frios suelos
bajando raudo a su amparo
sin temores ni recelos.

Nace por aleación de dispares arroyuelos
en la sierra pela todos ellos ubicados,
fuentes de vida ensoñando sus anhelos
por ocultos rincones sombríos y olvidados.

El río Lillas le alegra
aportando su agua y su fuerza
en hayedo de tejera negra
cuyo bosque enaltece y refuerza.

Discurre por la provincia
de principio hasta su fin,
cañones de horada propicia
cual un inmenso jardín.

Su curso entre montañas,
sierras de Ayllón y Alto Rey
exibiendo sus azañas
con rumbo ordenado y de ley.

Atraviesa de norte a sur,
en su seno dos embalses,
amplias presas al albur
de sumar ricos caudales.

Fontana de suministro en cuantiosas poblaciones
con obras de ingeniería de hercúleas instalaciones,
desde Beleña y Pozo de Ramos
llevadas por conducciones de enormes líneas y tramos.

Intensa reserva fluvial,
eden de vasta espesura,
mostrando su potencial
los campos de fina ternura.

Orgullo debe sentir la belleza de sus lares,
siendo un lujo divisar sus paisajes naturales,
disfrute de flora y su fauna, recreo de especies
hermosas,
deleitando pasear por estampas asombrosas.

Densa vegetación ostenta su ribera,
ruidos que hacen sentir tranquila paz duradera,
con sauces, cenizos y acebos,
mostajos, hayas y majuelos.

Fauna sin par singular, de corzos y jabalí,
lobo, culebrera, calzada y águila real,
se contemplan y prodigan por allí,
su visita es obligada, agradable e ideal.

Variedad piscícola en abundancia
que la pesca ociosa hace espuela,
estancia visual de elegancia
con truchas y bermejuela.

Lágrima pura y cristalina
procedente de la sierra,
bebida sana y medicina
que mana desde la tierra.

Y llegado a su destino
en el término de humanes,
concluye su camino
entregado al río henares.

– José Manuel García Román –

PASAJES DEL RIO DULCE

Parque natural en la sierra de Guadalajara,
cubierta vegetal eterna y apropiada,
saltos de agua, bosques y rocas,
aves que calma en su trinar evocan.

Rio dulce, faz de espejo,
que regala la aurora el destello,
y su luz realza plena
en noches de luna llena.

En la villa de Estriégana nace,
por Jodra y Pelegrina renace,
adentrando al Parque del Barranco con quejigares,
chopos, álamos y encinares.

En montes y barrancos se alojan los rapaces,
águilas perdiceras y búhos reales,
Hoz de Peregrina con ciudades encantadas,
arcos de piedra, torres y cascadas.

Y en tal punto llegado,
es de obligada mención,
a quien de este paraje ilustró,
el añorado y eminente
Don Félix Rodríguez de la Fuente.

Bosque de carrascas a orilla del río.
disfrute del paisaje transitando su camino,
llegando a otro bosque de ribera
en el corazón de la Cabrera.

Cañón del Río Dulce

Buitres, alimoches y barrancos,
camino de Aragosa,
bello pasear, ruta deliciosa,
voz de gruñidos y cacareos,
cual tiberios de solfeo.

Cascada vistosa de Aragosa a Mandayona,
del centro de interpretación, el último anfitriona,
de baja vegetación y plantas con aroma,
como el lento aletear de la blanca paloma.

Desemboca el río dulce en el Salto de la Villa,
formando parte integrante del municipio de
Matillas,
que tras cursar bellos y atractivos lares,
rinde finalmente, sus aguas al henares.

PARAJES DEL RIO SALADO

Se encuentra el Río Salado
en plena cuenca del Tajo,
arrastra materia soluble
y al agua de sodio lo cubre.

Salinas centenarias,
senderismos y castillos,
rutas literarias
ecos de limpio estribillo.

Rica gastronomía
por estos valles serranos,
sueños de melodía
en parajes ya lejanos.

Entre el sistema central se ubica,
con pizarras y cuarcitas,
y las parameras del Ibérico que implica
areniscas, dolomías y calizas.

Amplía vegetación
con rebollares y encinares,
sin dejar pasar la atención
de hezales y jarales.

Resaltando por coquetos
los abundantes roquedos
donde anidan aves rapaces
todas ellas muy audaces,
luciendo bonito broche
el buitre y el alimoche.

En Paredes de Sigüenza nace,
y a su paso por Valdelcubo,
con el río Berral de enlace
los siguientes pasos anduvo.

Tambien después se le une
desde Sienes el río Buitrón,
continuando por Rivas de Santiuste
hacia las salinas de Imón,
previo paso por La Barbolla
asentada sobre una loma.

En La Barbolla con precisión
se junta el río Laguna
y en las salinas de Gormellón
no sin poca fortuna
se suma el río Cercadillo
vistiendo el paraje de brillo.

En dirección a Santamera
el curso del río ha labrado
una de las hoces más bellas
que la naturaleza haya logrado.

Forma aquí el río Salado
el embalse del Atance
de soltura y bien armado
con visiones de romance,
hasta la presa de arte y vistosa
de Huérmeces del Cerro,
cuidada y laboriosa
construida con esmero.

Todo el cañón se encandila
de auténtica maravilla
y se observan con desvelo
los buitres por el cielo.

Unos metros más abajo
recibe el aporte del Regacho
avanzando hacia delante
su curso con buen talante.

En un pueblo de bandera
nos sorpenden las Chorreras,
salto de agua sobre el río
abundante, amplio y bravío
con vista impresionante
en Viana de Jadraque.

Y tras dichos avatares,
finaliza sus andares
en el término de Baides,
vertiendo su agua al Henares.

RIO HENARES

En la aldea de Horna nace
estribaciones de Sierra Ministra,
manantial de vida que abre
y riqueza suministra.

Así alumbra el río Henares,
en la Fuente del Jardín
recitando sus cantares
con tambores de festín.

Entorno incomparable,
piedras, juncos y noguera,
paraje de vista agradable
que ennoblece la ribera.

A los pies de la colina,
del Encinar se denomina,
bajo sublimes rocas y encina
algo grande se adivina.

De antaño impulsor de batanes
y molinos harineros
cual abeja en sus panales
implicada en sus haceros.

Río de agua y de pluma
de notables escritores
vertiendo lisonja que abruma
y deleita a sus lectores.

Recreo de buenos pintores
exaltando los paisajes
vistiendo de brillo y colores
las floras y faunas salvajes.

Río que corre entre piedras
con sus sones musicales,
cigüeñas que ponen las letras,
la avutarda sus andares.

Suelo abundante de huerta
cereal y aves acuáticas,
presagio de paz que despierta
de sueños en tardes sabáticas.

Hondo cauce en Alcuneza
donde arriba hasta Mojares,
portón de piedra atraviesa
divisando las casas rurales.

Abordando ya a Sigüenza
fertiliza rica vega
y su curso con destreza
bajo tres puentes anega.

En el término de Baides
dejando atrás Castilblanco
tras puente en sus cavidades
recibe al río Salado.

Muchos otros afluentes,
amistad que nunca abandona
y los más sobresalientes
Sorbe, Dulce, Badiel y Bornova.

Saluda a Mandayona,
Jirueque y luego Jadraque
donde a la vega sus aguas dona
cual mejor fertilizante.

Tras bañar otros lugares
entra en la capital
por el puente del henares
acogida magistral.

Bien de interes cultural
de actual restauración
patrimonio monumental
árabe de condición.

En Azuqueca la provincia abandona,
por Madrid prosigue en calma
a otras tierras ilusiona
y se vierte en el Jarama.

RIO TAJUÑA

Se inicia el río tajuña
en pleno valle del Tajo,
cuantiosos parajes inunda
en marcha sobrada de cuajo.

Nace en la fuente del carro,
río de páramos y parameras,
suelo de arcillas y barro
de noble vestir sus laderas.

Encajado entre lechos profundos
de calizas del mioceno,
por senderos vagabundos
curso sencillo y ameno.

En Cifuentes tiene una presa
con su embalse de la tajera,
rico caudal en remesa
y frondosa espesura a su vera.

El pantano anegó las vegas
de El Sotillo y Torrecuadrada,
siendo causa de refriegas
por fisuras que mostraba.

Su cauce en Guadalajara
visita tres comarcas, Molina,
Serranía y siguiendo por la Alcarria,
con aves en el cielo trinando su rutina.

Variopintos son los alados
que planean la ribera,
y al decir por destacados
los rapaces por bandera.

Rica también por su flora,
matorrales y pinares,
alhajas que la tierra aflora
ataviando aquellos lares.

Superficies de sabinar,
quejigares y encinar,
tramos de bosques valiosos
lúcidos, vastos y hermosos.

El más largo de la cuenca
tras el propio río tajo,
sin nada que le detenga
vagando con desparpajo.

Por bellos rincones conduce,
fragancia de verdes praderas,
grato relente seduce
caminando en jornadas enteras.

En Mondejar la provincia abandona
y en la vecina Madrid se escalona,
en otras huertas desagua,
con orgullo, ritmo y prestancia,
abrazándose al jarama y rindiéndole sus aguas.

VI. Guadalajara Capital

PALACIO DEL INFANTADO

Palacio del Infantado, joya monumental,
emblema de Guadalajara, tesoro sentimental,
gótico-isabelino y elementos renacentistas,
diseñado y construido por unos grandes artistas.

Fue su promotor el tercer Marqués de Santillana
Iñigo López de Mendoza y Luna,
familia de poderío y cristiana,
educado en buena cuna y provisto de fortuna.

En el siglo quince concluida, albores del renacimiento,
proyectado por Juan Guas y Lorenzo de Trillo,
arquitecto e ingeniero, dotados de buen talento,
maestros en saber de lo sublime hacer sencillo.

Bien de interés cultural, desde el catorce del siglo pasado,
conjunto descomunal esplendoroso y bien armado,
balcones y portadas góticas, vanos de fachadas y cabezas
de clavos moriscos
cual inmensidad que nos sumerge al mayor de los abismos.

Su fachada principal proviene, del gótico civil,
con puntas de diamante, cual petunias del mes de abril
ornamentos honorables, que resaltan con luz propia,
y conserva el visitante para siempre en su memoria.

En la última planta, coronando la fachada,
luciendo bella estampa, lustrosa y considerada,
galería corrida de balcones alternados con garitones
dignas de contemplar en todas las ocasiones.

Flanqueada por dos gruesas columnas cilíndricas,
sobrias, relucientes y verídicas,
con sendos collarines de cordones, entretejidos con artificio,
se halla la puerta principal de entrada al edificio.

Se observa sobre la puerta el escudo de los Mendoza,
símbolo del ducado soberano que autoridad esboza,
con su corona ducal, arco ojival y celada
y, sobre ella, corona cívica y águila que atraen la mirada,
más dos velludos varones que sostienen la balada.

El patio central, llamado de los leones,
en galería baja y superior, fontana de ilusiones,
forma rectangular con doble arquería
sostenida por columnas toscanas de abadía.

Salas bajas de pintores italianos,
cautivo de recreos cotidianos,
destacando la de Cromo, de Las Batallas y Atalanta,
lienzos que a la erudición conmueve y encanta.

Celebró boda de reyes en el mil quinientos sesenta
entre Felipe II e Isabel de Valois, con el boato que presenta
albergando su casamiento con sainetes en palacio
a mayor gloria y orgullo de tan insigne espacio.

Guadalajara, Palacio del Infantado, puerta de acceso al Patio de los Leones

Allí tuvo su encuentro el primer rey de los borbones
tras su boda por poderes al pactar sus condiciones,
Felipe V con Isabel de Farnesio,
pues las uniones reales siempre se ajustan a precio.

Acoge en la actualidad, el museo provincial,
no en vano considerado el más antiguo de España,
y al albor de sus jardines, se tiene a bien celebrar
el famoso y laureado, maratón de cuentos anual.

PANTEÓN DE LA DUQUESA DE SEVILLANO

Mecenazgo, filantropía,
generosa y valor contenía
pasión de brillo y cortesía.

Así era María Diega
amor al arte y entrega
de altruismo el alfa y omega.

Aristócrata no en vano
duquesa de sevillano
espíritu limpio y sano.

Fortuna puesta en servicio
todo dado a beneficio
de quien ronda el precipicio.

Modelo de caridad
afecto a la humanidad
destello de santidad.

Ilustre señora de ingenio
por encargo y buen convenio
su obra vio la luz, culminada por un
genio.

Velázquez Bosco, Ricardo
Arquitecto eminente y gallardo
maestro florido de nardo.

De lleno en el modernismo
literario culturismo
creativo y optimismo.

Monumento funerario
no apelable y necesario
de la vida corolario.

Morada final de familia
cuna que el alma auxilia
y el ser finado se exilia.

Con acierto o desatino
sin más todos confluimos
en idéntico destino.

Vasto complejo preside
poderío y grandeza que expide
merced al clamor que lo pide.

Estampa bizantina
cubierta a la vista divina
coronada con cruz latina.

Ecléctico historicista
neo románico lombardista
listo para revista.

Mudéjar sus capiteles,
decorados bellos y fieles
galones de coroneles.

Planta de cruz griega
arte noble que despliega
y su luz a toda llega.

Pintura de Cristo crucificado
en madera y bien tallado
ornamento destacado.

Falsa cripta en planta baja
duquesa y familia en su arca
donde sus restos descansa.

Panteón sensacional
patrimonio cultural
orgullo de la ciudad.

VII. Sonidos
de punto final

Y LA NOVIA ERA LA ALCARRIA

(Titulo "prestado" por Federico García Lorca,
en su famoso poema " Y la novia era Granada",
cambiando "Granada" por "La Alcarria")

Era la novia la Alcarria,
dama dulce y perfumada,
tierra de luz y añoranza,
cantos de amor y esperanza.

Trigales sedientos de lluvia,
flores color de amapola,
parajes que manan enjundia,
cubiertos de fina aureola.

La novia se viste de gala,
de verde pradera y forraje,
fragancia a la vista regala,
y flora de cuna salvaje.

Horizontes abiertos al viento,
campos que lucen su estampa,
alumbrando el nacimiento
de caldos, aceite y lavanda,
legando romero y espliego,
deleite de miel de la alcarria.

Senderos que encierran misterios,
con plantas de aroma y delicia,
de ocios y refrigerios
en tardes de sol y caricia.

Voces de tierno alborozo,
trasiego de gente agitada,
sones de fiesta y de gozo,
y la novia era la alcarria.

Aires de melancolía,
tiempos de brega y espada,
llantos con pena dolía,
por la novia desposada.

Brava se muestra la luna,
al no ser ella quien se enzalza,
careciendo tal fortuna,
pues la suerte la rechaza.

Ya la novia se acerca al estrado,
con chistera de espiga dorada,
atuendo de verde ceniza
y flor violeta en la mirada.

El altar se engalana impoluto,
ornato de salvia y cantueso,
esencia que rinde tributo
al paisaje robusto y travieso.

Suelo entorchado de vida,
fuego que enciende la llama,
nubes de haz colorida
y la novia era la alcarria.

HÍZOSE

este libro de poemas compuesto
por José Manuel García Román
en los estudios de la editorial AACHE
de Guadalajara,
y acabóse de imprimir en los días
de en torno al 19 de junio de 2025,
dedicado este año a la festividad
del Corpus Christi.

VOX POETARUM PERENNIS EST